ANNE-KATRIN WEBER

FRÜHSTÜCK & BRUNCH

FOTOGRAFIE: WOLFGANG SCHARDT, AUEN60 PHOTOGRAPHY

INHALT

Öffnen Sie die Klappen dieses Buches.
Dort finden Sie die wichtigsten Infos zum Thema auf einen Blick!

DAS PRINZIP:
BREAKFAST
BOWL

DIE PERFEKTE
KOMBI

Immer griffbereit:

SO GEHT'S:
KAFFEE UND TEE

Immer griffbereit:

SO GEHT'S:
BRUNCHBÜFETT

GU CLOU

Wussten Sie schon, dass ...?
Entdecken Sie bei einigen ausgewähl-
ten Rezepten ganz besondere Tipps
mit verblüffendem Insiderwissen.
Aha-Momente garantiert!

Mit diesem Symbol sind alle vegetarischen
Gerichte gekennzeichnet.

Die Backzeiten können je nach Herd variie-
ren. Unsere Temperaturangaben beziehen
sich auf das Backen im Elektroherd mit
Ober- und Unterhitze.

Sammeln Ihrer Lieblingsrezepte
mit der »GU Kochen Plus«-App
(siehe S. 64)

REZEPTKAPITEL

06 BOWL & BECHER

18 BROT & BELAG

32 OFEN & PFANNE

48 SALAT & SUPPE

ANNE-KATRIN WEBER

Wenn es ums Frühstück geht, ist Anne-Katrin eine Meisterin des Fachs. Die Hamburgerin weiß einfach, was auf dem Tisch stehen muss, damit alle satt und glücklich werden. Was für ein gelungenes Frühstück wichtig ist, hat sie in wenigen Sätzen erklärt:

Süß oder herzhaft?

Frühmorgens bin ich eindeutig eine Süßfrühstückerin. Je später aber der Morgen, desto mehr Herzhaftes kommt auf meinen Frühstücksteller. Unter der Woche fällt mein Frühstück meist eher knapp aus: Eine Schale Müsli oder ein knusprig getoastetes Brot mit französischer Salzbutter und unserem eigenen Honig, damit bin ich schon zufrieden. Im Winter liebe ich auch warme Breie mit gerösteten Nüssen sehr. Herzhaftes esse ich gerne am Wochenende, wenn viel Zeit für ein ausgedehntes Frühstück ist.

Haben Sie Frühstücksrituale?

Oh ja, aber das sind eigentlich Kaffeerituale. Ohne Kaffee gehe ich nämlich höchst ungern aus dem Haus. Den brauche ich, um morgens auf Touren zu kommen – zumindest bilde ich mir das ein. Ich trinke ihn aber auch einfach zu gerne. Unsere kleine Espressokanne, mit der wir zu Hause auf dem Herd Kaffee kochen, nehme ich sogar in den Urlaub mit. Die darf auf keinen Fall fehlen!

Was ist für Sie ein gutes Frühstück?

Ein gutes Frühstück fängt für mich bei den Zutaten an und hört mit den Menschen und der Umgebung auf. Für mich geht nichts über gutes Brot – wenn das fehlt, schmeckt der feinste Belag nur halb so gut. Am Wochenende die Familie oder Freunde an einem liebevoll gedeckten Tisch zu versammeln, das ist für mich Lebensqualität pur. Wenn ein Tag genussvoll und gemütlich anfängt, kann er doch eigentlich nur schön werden, oder?

PORRIDGE MIT
4 ZUTATEN

200 ml Milch (ersatzweise Pflanzendrink) in einem kleinen Topf aufkochen.

40 g kernige Haferflocken in die heiße Milch rühren und ca. 3 Min. darin kochen lassen.

Inzwischen 1 Banane schälen und in Scheiben schneiden.

1 TL braunes Mandelmus

Den Porridge in eine Schale füllen. Die Bananenscheiben und 1 TL braunes Mandelmus darauf anrichten und genießen. Reicht für 1 Person.

BOWL & BECHER

Für 4 Personen • 25 Min. Zubereitung • 12 Std. Quellen • Pro Portion ca. 400 kcal, 13 g EW, 15 g F, 51 g KH

BIRCHERMÜSLI MIT PFIRSICH 🍃

GESUNDER KLASSIKER

150 g kernige Haferflocken
300 ml Milch (ersatzweise
    Haferdrink)
40 g Haselnusskerne
1 großer Apfel
2 EL Rosinen (ersatzweise
    getrocknete Cranberrys)
400 g Joghurt (3,5 % Fett)
2 Pfirsiche
4 TL flüssiger Honig

1 Am Vortag Haferflocken, Milch und 300 ml Wasser in einer Schüssel verrühren und ca. 12 Std oder über Nacht abgedeckt im Kühlschrank quellen lassen. Die Haselnüsse grob hacken und in einer beschichteten Pfanne ohne Fett kurz anrösten, bis sie leicht gebräunt sind und duften. Vom Herd nehmen.

2 Am nächsten Morgen den Apfel waschen, vierteln und entkernen. Die Viertel auf einer Gemüsereibe grob raspeln. Apfelraspel, Rosinen, Joghurt und geröstete Haselnüsse unter die eingeweichten Haferflocken rühren. Das Müsli 5–10 Min. durchziehen lassen.

3 Pfirsiche waschen, halbieren und entkernen. Die Hälften in dünne Spalten schneiden. Das Müsli auf vier Schalen verteilen und die Pfirsiche darauf anrichten. Mit je 1 TL Honig beträufeln und servieren.

Für 4 Personen • 15 Min. Zubereitung • 30 Min. Backen • Pro Portion ca. 434 kcal, 10 g EW, 21 g F, 50 g KH

BAKED OATMEAL MIT BEEREN

VEGAN

200 g kernige Haferflocken
Salz
50 g Walnusskerne
300 g gemischte Beeren (ersatz-
    weise TK-Beerenmischung)
1 EL Speisestärke
4 EL Ahornsirup
200 ml Mandeldrink
1 TL Zimtpulver
3 EL Kokosraspel

AUSSERDEM
Auflaufform (20 × 25 cm)
1 TL Kokosöl für die Form

1 Den Backofen auf 180° vorheizen. Haferflocken und 1 Prise Salz in eine Schüssel geben. Mit 350 ml kochendem Wasser übergießen, durchrühren und ca. 10 Min. quellen lassen.

2 Inzwischen die Walnüsse grob hacken. Die Auflaufform mit Kokosöl einfetten. Beeren verlesen, bei Bedarf behutsam waschen und abtropfen lassen (TK-Beeren unaufgetaut verwenden). Dann Beeren, Stärke und 2 EL Ahornsirup mischen und in der Form verteilen.

3 Mandeldrink, Zimt, Kokosraspel und Nüsse gut unter die eingeweichten Haferflocken rühren. Die Flockenmischung auf den Beeren verteilen und mit dem restlichen Ahornsirup beträufeln. Im Ofen (Mitte) in ca. 30 Min. goldbraun backen. Warm oder kalt servieren. Dazu passt z. B. Kokosjoghurt.

BUCHWEIZEN-KAKAO-BREI 🍃

GLUTENFREI

FÜR DEN BREI

300 g Buchweizen
500 ml Haselnussdrink (ersatzweise Mandeldrink)
Salz
25 g Kakaopulver
2 EL Ahornsirup
2 TL Lebkuchengewürz (ersatzweise Zimtpulver)

FÜR NÜSSE UND PFLAUMEN

50 g Haselnusskerne
400 g Pflaumen
1 EL Butter
2 EL Ahornsirup
2 EL Kakaonibs

TAUSCH-TIPP

Auf diesen gehaltvollen Brei dürfen sich morgens auch Veganer freuen: Mit 1 EL veganer Margarine statt mit Butter zubereitet, ist er nämlich im Handumdrehen vegan.

BREI: Am Vortag den Buchweizen in einer Schüssel mit kaltem Wasser übergießen und abgedeckt ca. 12 Std. oder über Nacht im Kühlschrank quellen lassen.

Am nächsten Morgen den Buchweizen in ein Sieb abgießen, kalt abspülen und abtropfen lassen. Buchweizen, Haselnussdrink, 1 Prise Salz, Kakao, Ahornsirup und Lebkuchengewürz in einem Topf mischen. Aufkochen und bei schwacher Hitze ca. 8 Min. köcheln lassen, dabei gelegentlich umrühren. Den Brei dann noch 5–10 Min. quellen lassen.

NÜSSE UND PFLAUMEN: Inzwischen die Nüsse grob hacken und in einer beschichteten Pfanne ohne Fett goldbraun rösten. In eine Schüssel umfüllen, die Pfanne auswischen.

Pflaumen waschen, entsteinen und vierteln. Butter in der Pfanne erhitzen und die Pflaumenviertel darin bei mittlerer Hitze ca. 2 Min. anbraten. Mit Ahornsirup beträufeln und kurz karamellisieren lassen. Die Pfanne dann vom Herd nehmen.

FERTIGSTELLEN: Den Brei durchrühren. Ist er zu dick, löffelweise noch etwas Haselnussdrink unterrühren, bis er cremig ist. Den Brei auf vier Schalen verteilen und die karamellisierten Pflaumen darauf anrichten. Mit den gerösteten Haselnüssen und Kakaonibs bestreuen und servieren.

Für 4 Personen • 10 Min. Zubereitung •
Pro Portion ca. 180 kcal, 2 g EW, 10 g F, 20 g KH

Für 4 Personen • 10 Min. Zubereitung •
Pro Portion ca. 280 kcal, 9 g EW, 17 g F, 23 g KH

KURKUMA LATTE 🌿

WÜRZIG GOLDGELB

15 g Ingwer • 2 grüne Kardamomkapseln •
800 ml Mandeldrink • 2 TL gemahlene Kurkuma •
1 TL Zimtpulver • 4 TL Kokosöl • 2 EL Agaven-
sirup (ersatzweise Honig)

1 Den Ingwer schälen und sehr fein reiben.
Die Kardamomkapseln mit einer Messerklinge
oder einem Topf zerdrücken und die schwarzen
Samen herauslösen. Ingwer, Kardamomsamen,
Mandeldrink, Kurkuma, Zimt und Kokosöl in
einem Topf erhitzen, jedoch nicht kochen lassen.
Dann ca. 5 Min. ziehen lassen.

2 Den heißen Kurkumadrink mit Agavensirup
süßen und mit einem Milchschäumer oder
Schneebesen cremig aufschäumen. In vier hitze-
beständige Gläser füllen und sofort servieren.

SCHOKO-ESPRESSO-LATTE 🌿

FÜR SCHOKO-FANS

100 g Zartbitter-Schokolade • 800 ml Milch
(3,5 % Fett) • 4 frisch gebrühte Espressi •
1 EL flüssiger Honig • ½ TL Zimtpulver •
1 TL Kakaopulver

1 Schokolade in kleine Stücke brechen. Die Stücke mit 200 ml Milch in einem Topf unter Rühren
erwärmen, bis die Schokolade geschmolzen ist.
Heiße Espressi, Honig und Zimt unterrühren.

2 Die restliche Milch in einem zweiten Topf
erhitzen und mit einem Milchschäumer cremig
aufschäumen. Die heiße Milch in vier hitzebe-
ständige Gläser füllen und die Schoko-Espresso-
Mischung langsam am Glasrand dazugießen.
Den Milchschaum mit Kakaopulver bestreuen
und den Drink sofort servieren.

Für 4 Personen • 10 Min. Zubereitung •
Pro Portion ca. 115 kcal, 5 g EW, 1 g F, 19 g KH

Für 4 Personen • 15 Min. Zubereitung •
Pro Portion ca. 130 kcal, 3 g EW, 3 g F, 20 g KH

ERDBEER-BASILIKUM-BUTTERMILCH ◖

FRÜHLINGS-REZEPT

MANGO-JOGHURT-SHAKE ◖

EXOTISCH

400 g Erdbeeren • 12 Basilikumblätter •
2 EL flüssiger Honig • 2 EL Zitronensaft •
500 g Buttermilch • 1 Handvoll Eiswürfel

1 große, reife Mango • 15 g Ingwer • 2 grüne
Kardamomkapseln • 250 ml Orangensaft •
2 EL Limettensaft • 300 g Joghurt (3,5 % Fett) •
1 EL Agavensirup • 1 Handvoll Eiswürfel •
4 Limettenspalten

1 Erdbeeren waschen, abtropfen lassen und putzen. Die Beeren halbieren und 4 schöne Hälften für die Deko beiseitelegen. Basilikumblätter waschen, trocken tupfen und ebenfalls 4 schöne Blätter für die Deko beiseitelegen.

2 Halbierte Erdbeeren, Basilikum, Honig, Zitronensaft und Buttermilch im Standmixer oder mit dem Pürierstab fein pürieren. Die Eiswürfel auf vier Gläser verteilen und die Erdbeermilch daraufgießen. Mit den übrigen Erdbeerhälften und Basilikumblättern dekorieren und den Milchshake sofort servieren.

1 Mango schälen, das Fruchtfleisch vom Kern und dann etwas kleiner schneiden. Ingwer schälen und fein hacken. Kardamomkapseln mit einer Messerklinge oder einem Topf zerdrücken und die schwarzen Samen herauslösen.

2 Mangofruchtfleisch, Ingwer, Kardamomsamen, Orangensaft, Limettensaft und Joghurt im Standmixer oder mit dem Pürierstab fein mixen. Den Shake mit Agavensirup abschmecken. Die Eiswürfel auf vier Gläser verteilen und den Shake daraufgießen. Mit Limettenspalten dekorieren und sofort servieren.

Für 10 Portionen (à 80 g) • 15 Min. Zubereitung • 25 Min. Backen • Pro Portion ca. 380 kcal, 8 g EW, 20 g F, 40 g KH

KERNIGES FRÜCHTE-GRANOLA 🌿

FRUCHTIG UND KNUSPRIG

50 g Mandeln
50 g Haselnusskerne
300 g kernige Haferflocken
50 g Sonnenblumenkerne
30 g Sesam
2 TL Zimtpulver
80 ml Rapsöl
150 g flüssiger Honig (ersatz-
weise Ahornsirup)
150 g Trockenfrüchte (Apriko-
sen, Feigen und Cranberrys)

1 Den Backofen auf 180° vorheizen, ein Backblech mit Backpapier belegen. Mandeln und Haselnüsse grob hacken. Dann beides mit Haferflocken, Sonnenblumenkernen, Sesam, Zimt, Öl und Honig in einer Schüssel gut vermischen.

2 Die Mischung gleichmäßig auf dem Bachblech verteilen und im Ofen (Mitte) in ca. 25 Min. goldbraun rösten. Dabei nach ca. 10 Min. einmal durchmischen. Inzwischen Aprikosen und Feigen grob hacken und mit den Cranberrys mischen.

3 Das Blech aus dem Ofen nehmen, die Trockenfrüchte untermischen und das Granola vollständig abkühlen lassen. Es wird erst richtig knusprig, wenn es ganz kalt ist. Das Granola zum Aufbewahren in ein großes Schraubglas füllen, darin bleibt es ca. 4 Wochen frisch und knusprig. Portionsweise mit Milch oder Pflanzendrink servieren.

Für 10 Portionen (à 80 g) • 10 Min. Zubereitung • 20 Min. Backen • Pro Portion ca. 370 kcal, 8 g EW, 22 g F, 34 g KH

SCHOKO-KOKOS-GRANOLA 🍃

BALLASTSTOFFREICH

75 g Zartbitter-Schokolade
50 g Kokosöl
75 g flüssiger Honig (ersatz-
  weise Ahornsirup)
100 g Pekannusskerne
400 g Drei-Korn-Flocken
  (ersatzweise Fünf-Korn-
  Flocken)
60 g Kokoschips
40 g Leinsamen

1 Den Backofen auf 180° vorheizen, ein Backblech mit Backpapier belegen. Schokolade in kleine Stücke brechen. Die Stücke mit Kokosöl und Honig in einem kleinen Topf schmelzen lassen.

2 Pekannüsse grob hacken. Dann mit Flocken, Kokoschips und Leinsamen in einer Schüssel mischen. Die geschmolzene Schokolade zugießen und alles sorgfältig verrühren. Die Mischung gleichmäßig auf dem Backblech verteilen und im Ofen (Mitte) in ca. 20 Min. knusprig rösten. Dabei nach ca. 10 Min. einmal durchmischen.

3 Das Blech aus dem Ofen nehmen und das Granola vollständig abkühlen lassen. Es wird erst richtig knusprig, wenn es ganz kalt ist. Das Granola zum Aufbewahren in ein großes Schraubglas füllen, darin bleibt es ca. 4 Wochen frisch und knusprig. Portionsweise mit Milch oder Pflanzendrink servieren.

Für 4 Personen • 15 Min. Zubereitung •
Pro Portion ca. 190 kcal, 3 g EW, 10 g F, 21 g KH

Für 4 Personen • 15 Min. Zubereitung •
Pro Portion ca. 125 kcal, 4 g EW, 2 g F, 22 g KH

KRÄUTER-AVOCADO-SMOOTHIE ◖

VITAMINREICH

ROTE-BETE-HIMBEER-SMOOTHIE ◖

BALLASTSTOFFREICH

100 g Blattspinat • ½ Bund Minze • ½ Bund Melisse • 20 g Ingwer • 2 kleine reife Bananen • 1 reife Avocado • 4 Datteln (entsteint) • 250 ml Orangensaft • 4 EL Zitronensaft

250 g Rote Bete • 200 g Möhren • 1 großer Apfel • 200 g TK-Himbeeren • 4 Datteln (entsteint) • 2 EL Leinsamen • 250 ml Orangensaft • 3 EL Zitronensaft

1 Spinat putzen, waschen und abtropfen lassen. Minze und Melisse waschen, trocken schütteln und die Blätter abzupfen. Ingwer schälen und grob hacken. Bananen schälen und in Stücke schneiden. Avocado halbieren, Stein herauslösen und das Fruchtfleisch aus der Schale heben.

2 Spinat, Kräuter, Ingwer, Bananen, Avocado, Datteln, Orangensaft, Zitronensaft und 350 ml kaltes Wasser im Standmixer cremig pürieren. Ist der Smoothie zu dickflüssig, löffelweise noch kaltes Wasser untermixen. (Alternativ die Zutaten in einem hohen Rührbecher mit dem Pürierstab mixen. Der Smoothie wird dann allerdings weniger cremig.)

1 Rote Bete und Möhren schälen oder gründlich waschen, dann klein schneiden. Den Apfel waschen, vierteln und entkernen.

2 Gemüse, Apfel, Himbeeren, Datteln, Leinsamen, Orangensaft, Zitronensaft und 300 ml kaltes Wasser im Standmixer cremig pürieren. Ist der Smoothie zu dickflüssig, löffelweise noch etwas kaltes Wasser untermixen. (Alternativ Gemüse und Apfel grob raspeln und mit den restlichen Zutaten in einem hohen Rührbecher mit dem Pürierstab pürieren. Der Smoothie wird dann allerdings weniger cremig.)

Für 4 Personen • 15 Min. Zubereitung •
Pro Portion ca. 65 kcal, 2 g EW, 2 g F, 10 g KH

Für 4 Personen • 10 Min. Zubereitung •
Pro Portion ca. 60 kcal, 1 g EW, 0 g F, 12 g KH

GURKEN-KOHLRABI-SAFT 🌿

ERFRISCHEND

INGWER-APFEL-SHOT 🌿

SCHARF

1 Kohlrabi • 200 g Möhren • 2 Stangen Staudensellerie • 1 Bio-Salatgurke • 2 mittelgroße Äpfel • 2 EL Zitronensaft • 1 TL Rapsöl (kalt gepresst)

50 g Bio-Ingwer • 2 mittelgroße Äpfel • 1 Orange • 1 Zitrone • 2 TL flüssiger Honig (ersatzweise Agavensirup, nach Belieben)

1 Kohlrabi schälen, Möhren schälen oder gründlich waschen. Staudensellerie putzen und waschen. Gurke und Äpfel waschen. Gemüse und Äpfel dann in Stücke schneiden, die in die Öffnung eines Entsafters passen.

2 Die Gemüse- und Apfelstücke nacheinander im Entsafter zu Saft pressen. Zitronensaft und Öl unter den Saft rühren, den Saft in vier Gläser füllen und sofort servieren.

1 Ingwer gründlich waschen und in kleinere Stücke brechen. Äpfel waschen und in Stücke schneiden, die in die Öffnung eines Entsafters passen. Dabei 4 schmale Spalten für die Deko abschneiden. Orange und Zitrone halbieren und mit einer Zitruspresse den Saft auspressen.

2 Die Ingwer- und Apfelstücke nacheinander im Entsafter zu Saft pressen. Frisch gepressten Orangen- und Zitronensaft unterrühren und den Shot nach Belieben mit Honig süßen. Den Shot in vier Gläser füllen, mit den Apfelspalten dekorieren und sofort servieren.

BROT & BELAG

Für 20 Stück • 1 Std. 30 Min. Zubereitung • 17 Std. 30 Min. Ruhen • 18 Min. Backen •
Pro Stück ca. 215 kcal, 5 g EW, 12 g F, 22 g KH

BRIOCHES À TÊTE 🍃

FRANZÖSISCHER KLASSIKER

42 g frische Hefe (1 Würfel)
500 g Weizenmehl (Type 550)
75 g Zucker
1 ½ TL Salz (7 g)
1 TL abgeriebene Schale von
*   1 Bio-Zitrone*
4 kalte Eier (M)
250 g kalte Butter

AUSSERDEM
Mehl zum Arbeiten
20 Briocheförmchen
Butter für die Förmchen
1 Eigelb (M)
2 EL Milch

GUT ZU WISSEN
Keine Briocheförmchen zur
Hand? Dann verwenden Sie
eine 12er-Muffinform. Aus
100 g Teig 12 Kugeln formen,
restlichen Teig in 12 Portionen
teilen. In den Formmulden auf-
einandersetzen und ca. 4 Min.
länger backen.

1 Am Vortag die Hefe fein zerkrümeln. Mehl, Hefe, Zucker, Salz, Zitronenschale, Eier und 50 ml kaltes Wasser mit der Küchenmaschine oder den Knethaken des Handrührgeräts auf kleiner Stufe ca. 5 Min. kneten. Butter in kleine Stücke teilen und nach und nach unterkneten. Dann alles auf mittlerer Stufe 10–15 Min. weiterkneten, bis der Teig geschmeidig ist und glänzt. Den Teig in eine saubere Schüssel umfüllen, mit Frischhaltefolie abdecken und bei Raumtemperatur ca. 2 Std. gehen lassen. Danach ca. 12 Std. oder über Nacht (max. 16 Std.) im Kühlschrank ruhen lassen.

2 Am nächsten Morgen den Teig auf die leicht bemehlte Arbeitsfläche geben, wieder mit der Folie abdecken und in ca. 2 Std. Raumtemperatur annehmen lassen.

3 Die Förmchen mit Butter einfetten. Den Teig kurz durchkneten und 100 g abnehmen. Den Rest in 20 Portionen teilen und auf wenig Mehl zu glatten Kugeln rollen. Aus dem abgenommenen Teig 20 kleine Kugeln formen. Die großen Teigkugeln in die Förmchen setzen, eine tiefe Mulde in die Mitte drücken und die kleinen Kugeln hineinsetzen. Mit einem Küchentuch bedeckt bei Raumtemperatur 1–1 Std. 30 Min. gehen lassen, bis die Kugeln bis zum Formrand aufgegangen sind.

4 Den Backofen auf 180° vorheizen. Eigelb und Milch verquirlen und die Brioches damit bestreichen. Im Ofen (Mitte) in ca. 18 Min. goldgelb backen. Leicht abgekühlt aus den Förmchen lösen und auf einem Kuchengitter auskühlen lassen.

Für 4 Gläser (à 200 ml Inhalt) • 1 Std. Zubereitung • 1 Std. 20 Min. Abkühlen •
Pro Portion (20 g) ca. 35 kcal, 0 g EW, 0 g F, 8 g KH

ORANGENMARMELADE 🌿

WINTER-REZEPT

1 kg Bio-Orangen
1 Bio-Zitrone
500 g Gelierzucker (2:1)
2 EL Orangenlikör (nach
 Belieben)

AUSSERDEM
4 Twist-off-Gläser (à 250 ml
 Inhalt)

1 Orangen und Zitrone heiß abwaschen und abtrocknen. Die Früchte dann halbieren und in dünne Scheiben schneiden, dabei jeweils die Enden und alle Kerne entfernen.

2 Die Zitrusfruchtscheiben mit 400 ml Wasser in einen Topf geben. Aufkochen und abgedeckt bei schwacher Hitze 30–35 Min. kochen lassen, bis die Schalen weich sind. Ca. 1 Std. abkühlen lassen.

3 Danach den Gelierzucker zur Fruchtmasse geben. Die Masse unter Rühren aufkochen und bei starker Hitze ca. 4 Min. kräftig sprudelnd kochen lassen. Dabei ständig rühren. Nach Belieben den Orangenlikör unterrühren, die Marmelade in die heiß ausgespülten Gläser füllen und verschließen. Die Gläser ca. 20 Min. umgedreht auf ein Küchentuch stellen und abkühlen lassen.

Für 2 Gläser (à 200 ml Inhalt) • 35 Min. Zubereitung • Pro Portion (20 g) ca. 60 kcal, 1 g EW, 4 g F, 6 g KH

LEMON CURD 🍃

AUS ENGLAND

2 große Bio-Zitronen
100 g Butter
3 Eier (M)
150 g Zucker

AUSSERDEM
2 Twist-off-Gläser (à 200 ml
  Inhalt)

1 Die Zitronen heiß abwaschen, abtrocknen und die Schale fein abreiben. Dann beide Zitronen auspressen und 80 ml Saft abmessen. Die Butter in kleine Stücke schneiden.

2 Zitronenschale und -saft, Eier und Zucker in einer Edelstahlrührschüssel gut verrühren. Die Schüssel auf ein warmes Wasserbad setzen und die Mischung mit den Rührbesen des Handrührgeräts zuerst auf kleiner, dann auf mittlerer Stufe verrühren. Dabei wird die Mischung immer heller und cremiger. Die Creme ist fertig, wenn sie eine puddingartige Konsistenz hat. Die Schüssel vom Wasserbad nehmen und die Butterstückchen unterrühren.

3 Den Curd in die heiß ausgespülten Gläser füllen, verschließen und abkühlen lassen. Er hält sich im Kühlschrank max. 1 Woche.

1

2

3

HASELNUSS-FEIGEN-BROT 🌿

EINFACH

4

5

6

Für 1 Brot (15 Scheiben) • *20 Min. Zubereitung* • *20 Std. Ruhen* • *45 Min. Backen* •
Pro Scheibe ca. 155 kcal, 5 g EW, 5 g F, 24 g KH

100 g Haselnusskerne
100 g getrocknete Feigen
300 g Weizenmehl (Type 550)
150 g Vollkorn-Weizenmehl
½ TL Trockenhefe
2 TL Salz (10 g)

AUSSERDEM

Mehl zum Arbeiten
gusseiserner Bräter mit Deckel
(20 cm ⌀)

HALTBARKEITS-TIPP

Das knusprige Brot schmeckt ganz frisch am besten. Sie können es aber ruhig bis zu 3 Tage aufbewahren oder in Scheiben geschnitten im Toaster wieder knusprig rösten.

1 Am Vortag die Haselnüsse grob, die Feigen etwas feiner hacken. Nüsse, Feigen, beide Mehlsorten, Trockenhefe und Salz in einer Schüssel mischen. Dann 350 ml kaltes Wasser kurz mit einem Kochlöffel unterrühren (Bild 1). Die Schüssel mit Frischhaltefolie abdecken und den Teig bei Raumtemperatur ca. 18 Std. ruhen lassen.

2 Am nächsten Tag die Arbeitsfläche mit Mehl bestreuen. Den weichen Teig aus der Schüssel daraufgleiten lassen (Bild 2). Den Teig mit einer Teigkarte zuerst von rechts und links, dann von oben und unten überschlagen. Diesen Vorgang noch ein- bis zweimal wiederholen, bis der Teig deutlich straffer wird (Bild 3). Eine Schüssel mit einem Leinentuch auslegen und dieses großzügig mit Mehl bestreuen. Den Teig mit der Nahtstelle nach unten hineinlegen und abgedeckt nochmals ca. 2 Std. bei Raumtemperatur gehen lassen (Bild 4).

3 Ca. 30 Min. vor Ende der Ruhezeit den Bräter samt Deckel im Backofen auf 250° vorheizen. Den heißen Bräter aus dem Ofen nehmen, Deckel abnehmen und den Teig hineinstürzen, sodass die Nahtstelle nach oben zeigt (Bild 5). Deckel auflegen, den Bräter in den heißen Ofen (2. Schiene von unten) schieben und das Brot ca. 30 Min. backen.

4 Danach den Backofen auf 230° schalten, den Deckel abnehmen und das Brot offen in ca. 15 Min. knusprig braun backen. Das Brot aus dem Bräter lösen und auf einem Kuchengitter vollständig auskühlen lassen (Bild 6).

Für 14 Stück • 1 Std. 15 Min. Zubereitung • 13 Std. 45 Min. Ruhen • 25 Min. Backen •
Pro Stück ca. 225 kcal, 6 g EW, 8 g F, 33 g KH

ÜBER-NACHT-SCHOKOBRÖTCHEN ◖

GUT VORZUBEREITEN

300 ml Milch (3,5 % Fett)
500 g Weizenmehl (Type 550)
20 g frische Hefe (½ Würfel)
60 g brauner Zucker
1 TL abgeriebene Schale von
   1 Bio-Orange
60 g weiche Butter
100 g Zartbitter-Schokolade
1 TL Salz (5 g)

AUSSERDEM
Mehl zum Arbeiten
1 Eigelb (M)
1 EL Milch

GUT ZU WISSEN
Für die Brötchen wird anfangs aus Milch und Mehl ein sogenanntes »Mehlkochstück« zubereitet. Das führt zu einer fluffigen, weichen Krume – und das Gebäck bleibt länger frisch. Es lohnt sich!

1 Am Vortag 150 ml Milch und 30 g Mehl in einem Topf unter Rühren mit einem Schneebesen erhitzen, bis die Masse dicklich wird. Dabei jedoch nicht kochen lassen. Das Mehlkochstück lauwarm abkühlen lassen. Die restliche Milch lauwarm erhitzen und die Hefe darin auflösen. Übriges Mehl, Zucker, Orangenschale, Mehlkochstück und Hefemilch in die Rührschüssel der Küchenmaschine geben. Alles zuerst auf kleiner, dann auf mittlerer Stufe ca. 10 Min. verkneten.

2 Inzwischen die Butter in Würfel schneiden, die Schokolade gleichmäßig mittelgrob hacken. Butter, Schokolade und Salz zum Teig geben und kurz weiterkneten, bis sich der Teig vom Schüsselrand löst und seidig glänzt. Die Schüssel mit Frischhaltefolie abdecken und den Teig bei Raumtemperatur in ca. 45 Min. bis zum doppelten Volumen gehen lassen.

3 Ein Backblech oder eine große Auflaufform mit Backpapier belegen. Den Teig auf der leicht bemehlten Arbeitsfläche in 14 Portionen teilen. Diese mit den Händen rund rollen und mit etwas Abstand auf das Blech oder in die Form setzen. Blech oder Form in eine große Plastiktüte stecken und ca. 12 Std. oder über Nacht (max. 16 Std.) im Kühlschrank gehen lassen.

4 Am nächsten Morgen die Brötchen in ca. 1 Std. Raumtemperatur annehmen lassen. Den Backofen auf 200° vorheizen. Eigelb und 1 EL Milch verquirlen, die Brötchen damit bestreichen und im Ofen (Mitte) in ca. 25 Min. goldgelb backen. Vor dem Servieren mindestens lauwarm abkühlen lassen.

Für 6 Personen • 15 Min. Zubereitung • 2 Std. Kühlen •
Pro Portion ca. 215 kcal, 3 g EW, 22 g F, 1 g KH

Für 6 Personen • 15 Min. Zubereitung •
Pro Portion ca. 120 kcal, 6 g EW, 18 g F, 6 g KH

LACHS-DILL-BUTTER

EINFACH

4 Stängel Dill • 1 kleine rote Zwiebel • ½ Bio-Zitrone • 75 g Räucherlachs • 150 g weiche Butter • 1 TL körniger Senf • Salz, Pfeffer

1 Dill waschen, trocken schütteln und fein hacken. Zwiebel schälen und in sehr feine Würfel schneiden. Zitrone heiß abwaschen und abtrocknen. Die Schale fein abreiben und 1 EL Saft auspressen. Den Lachs zuerst in feine Streifen, dann in kleine Würfel schneiden.

2 Die Butter mit den Rührbesen des Handrührgeräts cremig rühren. Dill, Zwiebel, Zitronenschale, Zitronensaft, Lachs und Senf unterrühren. Die weiche Butter mit Salz und Pfeffer abschmecken und in ein Schälchen füllen oder in Pergamentpapier zu einer Rolle formen. Vor dem Servieren mindestens 2 Std. kühlen.

ERBSEN-AVOCADO-AUFSTRICH 🍃

VEGAN

200 g TK-Erbsen • 1 reife Avocado • 1 Knoblauchzehe • 4 Stängel Minze • 75 g Pistazien (geröstet und gesalzen) • 3 EL Zitronensaft • 3 EL Olivenöl • Salz • Cayennepfeffer

1 Erbsen nach Packungsangabe auftauen lassen, danach in einen hohen Rührbecher füllen. Avocado halbieren, den Stein herauslösen und das Fruchtfleisch aus der Schale heben. Zu den Erbsen geben. Knoblauch schälen und dazupressen. Minze waschen, trocken schütteln und die Blätter abzupfen. Pistazien aus den Schalen lösen. Beides zu den Erbsen geben.

2 Alles mit dem Pürierstab nicht zu fein pürieren, sodass der Aufstrich noch leicht stückig ist. Zitronensaft und Öl unterrühren und den Aufstrich mit Salz und Cayennepfeffer abschmecken.

Für 6 Personen • 15 Min. Zubereitung •
Pro Portion ca. 90 kcal, 9 g EW, 5 g F, 3 g KH

Für 6 Personen • 15 Min. Zubereitung •
Pro Portion ca. 135 kcal, 6 g EW, 10 g F, 5 g KH

CAMEMBERT-SCHINKEN-CREME

HERZHAFT

*100 g kräftiger, reifer Camembert • 60 g roher
Schinken in Scheiben • 2 TL eingelegter grüner
Pfeffer (Glas) • 1 kleine rote Zwiebel •
1 TL Kümmel • 125 g Frischkäse • 1 TL Cayennepfeffer • ½ Bund Schnittlauch*

1 Camembert in kleine Würfel schneiden und in
einer Schüssel mit einer Gabel fein zerdrücken.
Schinkenscheiben aufeinanderlegen und in feine
Würfel schneiden. Grünen Pfeffer abtropfen lassen und grob hacken. Zwiebel schälen und fein
würfeln. Kümmel im Mörser grob zerstoßen.

2 Schinken, Pfeffer, Zwiebel und Frischkäse zum
Camembert geben und alles gut verrühren. Die
Creme mit Kümmel und Cayennepfeffer herzhaft
würzen. Schnittlauch waschen, trocken schütteln,
in feine Röllchen schneiden und unterrühren.

RUCOLA-PARMESAN-AUFSTRICH ◖

MEDITERRAN

*40 g Pinienkerne • ½ Bio-Orange • 40 g Rucola •
25 g Parmesan • 250 g Ricotta • 1 Knoblauchzehe • Salz • 1 TL Chiliflocken*

1 Pinienkerne in einer beschichteten Pfanne
ohne Fett hellbraun rösten, dann abkühlen
lassen. Orange heiß abwaschen und abtrocknen.
Die Schale fein abreiben und den Saft auspressen. Rucola waschen, trocken schleudern und
klein schneiden. Parmesan fein reiben.

2 Ricotta, Parmesan, Rucola, Orangenschale
und 4–6 EL Orangensaft zu einer glatten Creme
verrühren. Den Knoblauch schälen und dazupressen. Den Aufstrich mit Salz und Chiliflocken
würzen, in ein Schälchen füllen und mit den
gerösteten Pinienkernen bestreut servieren.

KRÄUTER-ZUPFBROT 🍃

FÜRS BÜFETT

FÜR DEN HEFETEIG
300 ml Milch
500 g Weizenmehl (Type 550)
25 g frische Hefe
1 TL Zucker
75 g weiche Butter
1 TL Salz (5 g)

FÜR DIE FÜLLUNG
1 Bund glatte Petersilie
3 Stängel Oregano
3 Stängel Thymian
1 große Knoblauchzehe
125 g weiche Butter
Salz, Pfeffer
80 g Bergkäse

AUSSERDEM
Kastenform (30 cm lang)
Mehl zum Arbeiten

HEFETEIG: Milch lauwarm erhitzen. Mehl in eine Schüssel geben und eine Mulde in die Mitte drücken. Hefe hineinbröseln, Milch und Zucker zugeben und mit etwas Mehl vom Rand verrühren. Abgedeckt bei Raumtemperatur ca. 15 Min. gehen lassen. Butter in Flöckchen und Salz zum Vorteig geben. Zuerst mit den Knethaken des Handrührgeräts, dann mit den Händen zu einem glatten Teig verkneten. Den Teig mit Frischhaltefolie abgedeckt bei Raumtemperatur in ca. 45 Min. bis zum doppelten Volumen gehen lassen.

FÜLLUNG: Petersilie, Oregano und Thymian waschen, trocken schütteln und die Blätter fein hacken. Knoblauch schälen und fein hacken. Butter, Kräuter und Knoblauch verrühren. Die Kräuterbutter mit Salz und Pfeffer würzen. Den Käse fein reiben und 2 EL davon beiseitestellen.

FERTIGSTELLEN: Die Form mit Backpapier auslegen. Den Teig auf wenig Mehl knapp 1 cm dick ausrollen, mit Kräuterbutter bestreichen und mit geriebenem Käse bestreuen. In Quadrate (8 × 8 cm) schneiden, je 4–5 Quadrate aufeinanderstapeln und aufrecht in die Form stellen. Mit übrigem Käse bestreuen, abgedeckt ca. 30 Min. gehen lassen.

Inzwischen den Backofen auf 180° vorheizen. Das Brot im Ofen (2. Schiene von unten) in ca. 40 Min. goldbraun backen, dabei zwischendurch mit Backpapier abdecken. Herausnehmen und 15 Min. abkühlen lassen. Danach aus der Form lösen und auf einem Kuchengitter auskühlen lassen.

OFEN & PFANNE

Für 12 Stücke • 35 Min. Zubereitung • 1 Std. 20 Min. Ruhen • 35 Min. Backen •
Pro Stück ca. 340 kcal, 9 g EW, 12 g F, 51 g KH

MARZIPAN-BEEREN-KRANZ 🍃

FÜR GÄSTE

FÜR DEN HEFETEIG

½ Bio-Zitrone
250 ml Milch
25 g frische Hefe
75 g Zucker
525 g Weizenmehl (Type 550)
1 Ei (M)
Salz
75 g weiche Butter

FÜR DIE FÜLLUNG

200 g Marzipanrohmasse
1 Eiweiß (M)
200 g gemischte Beeren
    (z. B. Himbeeren und Rote
    Johannisbeeren)

AUSSERDEM

Mehl zum Arbeiten
1 Eigelb (M)
1 EL Milch
1 EL Puderzucker

HEFETEIG: Zitrone heiß abwaschen, abtrocknen, 1 TL Schale abreiben und 1 EL Saft auspressen. Milch lauwarm erhitzen, Hefe hineinkrümeln und 1 EL Zucker einrühren. Mehl, übrigen Zucker, Ei, ½ TL Salz, Zitronenschale und Hefemilch mit den Knethaken des Handrührgeräts gut verkneten. Butter in Flöckchen zugeben und alles zu einem elastischen Teig verkneten. Den Teig mit einem Küchentuch abdecken und bei Raumtemperatur ca. 1 Std. gehen lassen.

FÜLLUNG: Marzipan grob in eine Schüssel raspeln. Eiweiß und Zitronensaft zugeben und alles mit den Rührbesen des Handrührgeräts cremig rühren. Beeren verlesen, waschen und trocken tupfen. Johannisbeeren von den Rispen streifen.

FERTIGSTELLEN: Ein Backblech mit Backpapier belegen. Den Teig auf wenig Mehl zu einem Rechteck (40 × 45 cm) ausrollen. Die Marzipancreme daraufstreichen, dabei 2 cm Rand lassen. Die Beeren auf der Creme verteilen und den Teig von der Längsseite her fest aufrollen. Die Rolle längs halbieren und die Enden so umeinanderschlingen, dass die Füllung nach außen zeigt. Zu einem Kranz formen, die Enden andrücken, aufs Blech legen und 15–20 Min. gehen lassen.

Inzwischen den Backofen auf 180° vorheizen. Eigelb und 1 EL Milch verrühren und den Kranz damit bestreichen. Im Ofen (unten) in 30–35 Min. goldbraun backen, dabei eventuell zwischendurch abdecken. Herausnehmen, abkühlen lassen und mit Puderzucker bestreuen.

Genial für sehr spontane Crumble-Freunde: Das Rezept funktioniert auch mit tiefgekühlten Früchten. Ob TK-Beeren oder eingefrorene Rhabarberstücke, einfach in der Form verteilen und mit den Streuseln wie beschrieben überbacken.

Für 8 Personen • 40 Min. Zubereitung • 30 Min. Backen • Pro Portion ca. 525 kcal, 11 g EW, 28 g F, 56 g KH

RHABARBER-CRUMBLE 🌿

FRÜHLINGS-REZEPT

FÜR DEN CRUMBLE

160 g Butter
75 g Mandeln
125 g Mehl
150 g Zucker
125 g kernige Haferflocken
Salz
1 kg Rhabarber

FÜR DIE VANILLESAUCE

1 Vanilleschote
15 g Speisestärke
500 ml Milch
3 Eigelb (M)
75 g Zucker

AUSSERDEM

große Gratinform (20 × 30 cm)
Butter für die Form

CRUMBLE: Die Butter schmelzen und etwas abkühlen lassen. Mandeln grob hacken. Butter, Mandeln, Mehl, Zucker, Haferflocken und 1 kräftige Prise Salz in eine Schüssel geben und mit den Händen zu groben Streuseln verkneten. Die Streusel abgedeckt ca. 30 Min. kühlen.

Inzwischen den Backofen auf 200° vorheizen, die Gratinform mit Butter einfetten. Vom Rhabarber die Enden abschneiden, die Stangen waschen, gut abtropfen lassen und in 4 cm lange Stücke schneiden. Die Rhabarberstücke in der Form verteilen und die Streusel daraufstreuen. Den Crumble im Ofen (Mitte) ca. 30 Min. backen, bis die Streusel knusprig goldbraun sind.

VANILLESAUCE: Die Vanilleschote längs aufschlitzen und das Mark herauskratzen. Speisestärke, 5 EL Milch, Eigelbe und Zucker glatt verrühren. Die restliche Milch mit Vanillemark und -schote aufkochen. Die angerührte Stärke in die Milch rühren und alles unter Rühren einmal aufkochen lassen. Die Sauce durch ein Sieb in eine Schüssel gießen und ein Stück Frischhaltefolie direkt auf die Oberfläche legen, damit sich keine Haut bildet. Die Sauce abkühlen lassen.

Die abgekühlte Vanillesauce mit einem Schneebesen kurz durchrühren und zum Crumble servieren.

Für 4 Personen • 40 Min. Zubereitung • 30 Min. Ruhen • Pro Portion ca. 480 kcal, 14 g EW, 24 g F, 52 g KH

HEIDELBEER-PANCAKES 🍃

VOLLWERT

25 g Butter
3 Eier (M)
2 EL brauner Zucker
300 g Buttermilch
Salz
200 g Vollkorn-Weizenmehl
2 TL Backpulver
150 g Heidelbeeren

AUSSERDEM

4 EL Butter zum Braten
4 EL Ahornsirup
frisch geriebene Muskatnuss

1 Die Butter schmelzen und lauwarm abkühlen lassen. Eier, Zucker, Buttermilch und 1 Prise Salz kräftig verquirlen. Die geschmolzene Butter einrühren. Mehl und Backpulver mischen und unterrühren. Die Heidelbeeren waschen, trocken tupfen und unter den Teig mischen. Den Teig abgedeckt ca. 30 Min. ruhen lassen.

2 In zwei großen Pfannen je 1 EL Butter erhitzen. Jeweils 2 EL Teig als Häufchen in die Pfannen setzen und ca. 1 Min. anbraten. Die Pancakes dann wenden und von der zweiten Seite in ca. 1 Min. goldgelb braten. Herausnehmen und die Pfannen mit Küchenpapier auswischen. So fortfahren und insgesamt 24 Pancakes braten.

3 Die Pancakes auf vier Tellern anrichten. Mit dem Ahornsirup beträufeln, mit Muskatnuss bestreuen und servieren.

Für 8 Personen • 25 Min. Zubereitung • 12 Std. Ruhen • 35 Min. Backen •
Pro Portion ca. 315 kcal, 10 g EW, 13 g F, 40 g KH

FRENCH-TOAST-AUFLAUF 🍃

GUT VORZUBEREITEN

*400 g Brioche (ersatzweise
    Kastenweißbrot)*
½ Vanilleschote
4 Eier (M)
*1 Tl. abgeriebene Schale von
    1 Bio-Zitrone*
500 ml Milch
4 EL Zucker
*300 g Sauerkirschen (ersatz-
    weise TK-Kirschen)*
2 EL Mandelblättchen

AUSSERDEM
große Gratinform (20 × 30 cm)

1 Am Vortag die Brioche in dicke Scheiben schneiden und in die Gratinform schichten. Die Vanilleschote längs halbieren und das Mark herauskratzen. Eier, Vanillemark, Zitronenschale, Milch und 2 EL Zucker gut verquirlen und über die Briochescheiben gießen.

2 Die Form mit Frischhaltefolie abdecken und ca. 12 Std. oder über Nacht in den Kühlschrank stellen, sodass sich die Brioche mit der Eiermilch vollsaugen kann.

3 Am nächsten Morgen den Backofen auf 180° vorheizen. Die Kirschen waschen, entstielen und entsteinen (TK-Kirschen unaufgetaut verwenden). Die Kirschen auf der Brioche verteilen. Den Auflauf mit Mandelblättchen und übrigem Zucker bestreuen und im Ofen (Mitte) in 30–35 Min. goldbraun backen. Heiß servieren.

Für 12 Stücke • 1 Std. Zubereitung • 1 Std. Kühlen • 50 Min. Backen •
Pro Stück ca. 420 kcal, 6 g EW, 25 g F, 43 g KH

VERSUNKENER APFELKUCHEN 🌿

KLASSIKER

FÜR DEN MÜRBETEIG

250 g Mehl
60 g Zucker
Salz
125 g kalte Butter
1 Ei (M)

FÜR DEN BELAG

½ Bio-Zitrone
100 g Marzipanrohmasse
150 g weiche Butter
100 g Zucker
3 Eier (M)
2 EL Mandellikör (z. B. Amaretto,
 nach Belieben)
50 g Mehl
1 kg kleine, säuerliche Äpfel
25 g Pinienkerne

AUSSERDEM

Springform (26 cm ⌀)
Butter für die Form
Mehl zum Arbeiten
Puderzucker zum Bestreuen

MÜRBETEIG: Mehl, Zucker und 1 Prise Salz in einer Rührschüssel mischen. Die Butter in Flöckchen zugeben und alles mit den Knethaken des Handrührgeräts zu feinen Streuseln kneten. Dann das Ei zufügen und rasch zu einem glatten Teig verkneten. Den Teig zu einer Kugel formen, in Frischhaltefolie wickeln und ca. 1 Std. kühlen.

BELAG: Zitrone heiß abwaschen und abtrocknen. 1 TL Schale abreiben und 2 EL Saft auspressen. Marzipan klein schneiden oder auf der Gemüsereibe grob raspeln. 125 g Butter cremig rühren, Marzipan und 75 g Zucker unterrühren, bis das Marzipan gleichmäßig verteilt ist. Eier einzeln einrühren. Zitronenschale, nach Belieben Likör und Mehl kurz unterrühren.

Äpfel schälen, halbieren und das Kerngehäuse entfernen. Die Hälften auf der gewölbten Seite fächerförmig einschneiden und mit dem Zitronensaft beträufeln.

FERTIGSTELLEN: Den Backofen auf 180° vorheizen, die Form mit Butter einfetten. Den Teig auf wenig Mehl etwas größer als die Form ausrollen. In die Form legen und dabei einen 3–4 cm hohen Rand formen. Die Marzipancreme auf den Teig streichen und die Äpfen mit der Wölbung nach oben darauflegen. Mit Pinienkernen und übrigem Zucker bestreuen. Die restliche Butter in Flöckchen darauf verteilen und den Kuchen im Ofen (unten) in ca. 50 Min. goldbraun backen. Herausnehmen und abkühlen lassen. Dann aus der Form lösen und mit Puderzucker bestreut servieren.

Für 4 Personen • 25 Min. Zubereitung • 25 Min. Backen • Pro Portion ca. 300 kcal, 14 g EW, 18 g F, 20 g KH

KARTOFFEL-TORTILLA 🌿

AUS SPANIEN

500 g Pellkartoffeln (vom Vortag)
2 Zwiebeln
1 rote Spitzpaprika (100 g)
3 EL Olivenöl
6 Eier (M)
100 ml Milch
Salz
Cayennepfeffer
½ Bund Petersilie
10 Salbeiblätter

AUSSERDEM
ofenfeste Pfanne (24 cm ⌀)

1 Pellkartoffeln und Zwiebeln schälen und in dünne Scheiben schneiden. Paprika waschen, weiße Trennwände und Kerne entfernen und die Schote in 5 mm dicke Ringe schneiden. Das Öl in der Pfanne erhitzen und die Kartoffelscheiben darin bei mittlerer Hitze ca. 5 Min. anbraten. Die Zwiebeln zugeben und ca. 5 Min. mitbraten.

2 Inzwischen den Backofen auf 200° vorheizen. Eier und Milch verquirlen und mit Salz und Cayennepfeffer herzhaft würzen. Petersilie und Salbei waschen, trocken schütteln und die Blätter fein hacken.

3 Paprika und Kräuter unter die Kartoffeln mischen und die Eiermilch darübergießen. Den Pfannenstiel bei Bedarf mit Alufolie umwickeln und die Tortilla im Ofen (Mitte) ca. 25 Min. garen, bis die Eiermasse ganz gestockt ist. Kurz abkühlen lassen, dann vorsichtig auf ein Brett stürzen, in Stücke schneiden und servieren.

Für 6 Stück • 20 Min. Zubereitung • 25 Min. Backen • Pro Portion ca. 240 kcal, 11 g EW, 12 g F, 20 g KH

TOMATEN-TOAST-MUFFINS 🌿

GANZ EINFACH

6 Scheiben Sandwichtoast
18 Cocktailtomaten
75 g Schafskäse (Feta)
3 Zweige Thymian
5 Eier (M)
Salz, Pfeffer

AUSSERDEM
6er-Muffinform
25 g Butter für die Form

1 Den Backofen auf 200° vorheizen, die Mulden der Muffinform großzügig mit Butter einfetten. Die Toastscheiben entrinden und mit dem Nudelholz etwas flach rollen. Die Scheiben dann in die gefetteten Formmulden drücken. Die Tomaten waschen, abtrocknen und je 3 Tomaten in die Formmulden geben. Den Schafskäse mit den Fingern zerkrümeln und darauf verteilen.

2 Thymian waschen, trocken schütteln und die Blättchen abzupfen. Eier gründlich verquirlen, die Thymianblättchen unterrühren und mit Salz und Pfeffer würzen. Die Eiermasse gleichmäßig über die Tomaten in den Formmulden gießen.

3 Die Muffins im Ofen (Mitte) in 20–25 Min. knusprig goldbraun backen. Herausnehmen und kurz abkühlen lassen. Dann vorsichtig mit einem kleinen Küchenmesser aus der Form lösen und servieren.

SHAKSHUKA 🌱

WÜRZIG

1 große Zwiebel
1 Knoblauchzehe
1 rote Paprika
2 EL Olivenöl
1 große Dose geschälte Tomaten
   (800 g)
2 TL Harissa (scharfe Würzpaste)
1 TL gemahlener Kreuzkümmel
Salz
4 Stängel Koriandergrün (ersatz-
   weise glatte Petersilie)
4 Eier (M)
1 TL Schwarzkümmel

AUSSERDEM

gusseiserne oder beschichtete
   Pfanne (30 cm ⌀)

GUT ZU WISSEN

Shakshuka stammt ursprüng-
lich aus Nordafrika, ist aber zu
einem der Frühstücksklassiker
Israels geworden. Wer es herzhaft mag, bestreut das fertige
Gericht mit fein geschnittenen
Frühlingszwiebeln und zer-
krümeltem Feta.

1 Zwiebel und Knoblauch schälen und fein würfeln. Paprika waschen, halbieren, weiße Trennwände und Kerne entfernen und die Hälften in kleine Würfel schneiden. In der Pfanne 1 EL Öl erhitzen und die Zwiebel- und Knoblauchwürfel darin glasig dünsten. Die Paprika zugeben und kurz mitdünsten.

2 Die Tomaten in der Dose mit einem Messer etwas zerkleinern und in die Pfanne geben. Harissa, Kreuzkümmel und 1 Prise Salz unterrühren und erhitzen. Die Sauce dann offen bei schwacher bis mittlerer Hitze in ca. 20 Min. cremig einkochen lassen, dabei gelegentlich umrühren.

3 Inzwischen das Koriandergrün waschen und trocken schütteln. Die Blätter abzupfen und etwas kleiner zupfen.

4 Die Tomatensauce mit Salz und eventuell Harissa herzhaft abschmecken. Mit einem Esslöffel vier Mulden in die Sauce drücken und jeweils 1 Ei hineinschlagen. Die Eier bei sehr schwacher Hitze 10–15 Min. in der Sauce stocken lassen. Dabei die Pfanne eventuell mit einem Deckel abdecken und darauf achten, dass die Sauce nicht am Pfannenboden anbrennt.

5 Sobald die Eier gestockt sind, die Shakshuka mit dem restlichen Olivenöl beträufeln. Mit Koriandergrün und Schwarzkümmel bestreuen und servieren.

Für 8 Stücke • 45 Min. Zubereitung • 1 Std. Kühlen • 45 Min. Backen •
Pro Portion ca. 490 kcal, 14 g EW, 36 g F, 27 g KH

GRÜNE GEMÜSEQUICHE 🌿

FÜRS BÜFETT

FÜR DEN MÜRBETEIG

250 g Mehl
Salz
125 g kalte Butter
1 Ei (M)

FÜR DEN BELAG

500 g grüner Spargel
250 g Brokkoli
100 g Zuckerschoten
Salz
100 g Bergkäse
4 Eier (M)
300 g Crème fraîche
Pfeffer
frisch geriebene Muskatnuss

AUSSERDEM

Springform (26 cm ⌀)
Butter für die Form
Mehl zum Arbeiten
2 EL Semmelbrösel

MÜRBETEIG: Mehl und ½ TL Salz in einer Schüssel mischen. Die Butter in Flöckchen zugeben und alles mit den Knethaken des Handrührgeräts zu feinen Streuseln kneten. Dann das Ei und 2 EL kaltes Wasser zufügen und rasch zu einem glatten Teig verkneten. Den Teig zu einer Kugel formen, in Frischhaltefolie wickeln und ca. 1 Std. kühlen.

BELAG: Inzwischen den Spargel waschen, holzige Enden abschneiden und das untere Drittel schälen. Die Stangen dritteln. Brokkoli waschen und in Röschen teilen. Den Strunk schälen und klein schneiden. Zuckerschoten waschen und abtropfen lassen. Spargel und Brokkoli in kochendem Salzwasser ca. 1 Min. kochen, die Zuckerschoten zugeben und einmal kurz aufkochen lassen. Das Gemüse dann sofort in ein Sieb abgießen, kalt abspülen und gut abtropfen lassen. Den Käse reiben. Eier, Crème fraîche und je 1 Prise Salz, Pfeffer und Muskatnuss verquirlen.

FERTIGSTELLEN: Den Backofen auf 200° vorheizen, die Form mit Butter einfetten. Den Teig auf wenig Mehl dünn ausrollen und Boden und Rand der Form damit auslegen. Den Boden mit einer Gabel mehrmals einstechen und mit den Semmelbröseln bestreuen. Das Gemüse und die Hälfte vom Käse darauf verteilen. Die Eiermasse darübergießen und den übrigen Käse daraufstreuen. Die Quiche im Ofen (unten) in ca. 45 Min. goldbraun backen. Leicht abgekühlt aus der Form lösen, in Stücke schneiden und servieren.

GU CLOU

Eine ofenfrische Quiche ist als warme Komponente der Hit auf dem Brunchbüfett. Und sie lässt sich prima vorbereiten: Zum Servieren die fertig gebackene Quiche einfach im Ganzen im auf 160° vorgeheizten Backofen in 10–15 Min. wieder erwärmen.

SALAT & SUPPE

Für 6 Personen • 1 Std. Zubereitung • Pro Portion ca. 340 kcal, 16 g EW, 21 g F, 22 g KH

KARTOFFEL-GURKEN-SALAT MIT STREMELLACHS

EINFACH

FÜR DEN SALAT

1 kg kleine festkochende Kartoffeln
½ Salatgurke
½ Bund Radieschen
250 g Stremellachs
1 Handvoll Blattsalat
5 Stängel Estragon

FÜR DAS DRESSING

1 große Bio-Zitrone
150 g Schmand
2 TL körniger Senf
4 EL Rapsöl
Salz, Pfeffer

GUT ZU WISSEN

Sieglinde, Linda oder Nicola sind beliebte festkochende Kartoffelsorten. Sie behalten beim Kochen ihre feste Konsistenz und bleiben dank ihres geringeren Stärkegehalts schön saftig – genau richtig für köstlichen Kartoffelsalat.

SALAT: Kartoffeln in wenig Wasser in ca. 20 Min. gar kochen. Abgießen, kalt abspülen und noch möglichst heiß pellen.

DRESSING: Zitrone heiß abwaschen und abtrocknen. Die Schale abreiben und den Saft auspressen. Schmand, Senf, Öl, 3 EL Zitronensaft und 75 ml Wasser verquirlen. Das Dressing kräftig mit Salz und Pfeffer würzen.

Die gepellten Kartoffeln in dicke Scheiben schneiden. Die Kartoffelscheiben in einer Schüssel mit dem Dressing mischen und abgedeckt ca. 20 Min. ziehen lassen.

FERTIGSTELLEN: Inzwischen die Gurke waschen, halbieren und die Kerne mit einem Teelöffel herausschaben. Die Hälften dann in schmale Scheiben schneiden. Radieschen putzen, waschen und vierteln. Stremellachs in kleine Stücke zupfen. Gurke, Radieschen und Lachs locker unter die Kartoffeln mischen und den Salat noch 5–10 Min. durchziehen lassen.

Blattsalat putzen, waschen und trocken schleudern. Die Blätter in einer Servierschale auslegen. Den Kartoffelsalat nochmals abschmecken und eventuell mit Salz, Pfeffer und ein paar Spritzern Zitronensaft nachwürzen. Dann auf dem Blattsalat anrichten. Estragon waschen, trocken schütteln, die Blätter abzupfen und über den Kartoffelsalat streuen.

Für 4 Personen • 25 Min. Zubereitung • Pro Portion ca. 245 kcal, 8 g EW, 16 g F, 17 g KH

MELONEN-SCHINKEN-SALAT

SOMMER-REZEPT

1 Charentais-Melone
60 g Pflücksalat-Mix
3 Stängel Minze
1 Bio-Zitrone
4 EL feinstes Olivenöl
1 TL Agavensirup
Salz
Piment d'Espelette (ersatzweise
* Cayennepfeffer)*
60 g Parmaschinken in hauch-
* dünnen Scheiben*
40 g Pecorino am Stück

1 Für den Salat die Melone halbieren, Kerne und faseriges Frucht-fleisch entfernen und die Hälften in breite Spalten schneiden. Die Melonenspalten dann schälen und in schmale Spalten teilen. Salat-Mix waschen und trocken schleudern. Minze waschen, trocken schütteln und die Blätter von den Stängeln zupfen.

2 Für das Dressing die Zitrone heiß abwaschen und abtrocknen. Die Schale abreiben und den Saft auspressen. Zitronenschale, 4 EL Zitronensaft, Olivenöl, Agavensirup und je 1 Prise Salz und Piment d'Espelette verquirlen.

3 Salat-Mix, Minzeblätter und Dressing in einer Schüssel locker vermischen und auf eine Servierplatte geben. Melonenspalten und Parmaschinken darauf anrichten. Den Pecorino mit einem Spar-schäler direkt über den Salat hobeln.

Für 4 Personen • 25 Min. Zubereitung • Pro Portion ca. 445 kcal, 17 g EW, 36 g F, 8 g KH

TOMATENSALAT MIT BURRATA 🌿

MEDITERRAN

30 g Pinienkerne
4 Stängel Basilikum
750 g aromatische, kleine
   Tomaten
1 Bund Rucola
300 g Burrata (2 Kugeln)
1 gehäufter TL Fenchelsamen
1 kleine rote Chilischote
3 EL Zitronensaft
5 EL feinstes Olivenöl
1 TL flüssiger Honig
Salz, Pfeffer

1 Für den Salat die Pinienkerne in einer beschichteten Pfanne ohne Fett goldbraun rösten, dann abkühlen lassen. Basilikum waschen, trocken schütteln und die Blätter von den Stängeln zupfen.

2 Tomaten waschen, den Stielansatz herausschneiden und die Früchte halbieren oder vierteln. Rucola putzen, waschen und trocken schleudern. Burrata gut abtropfen lassen und in grobe Stücke teilen. Tomaten, Rucola und Burrata auf einer Servierplatte anrichten.

3 Für das Dressing die Fenchelsamen im Mörser grob zerstoßen. Chili waschen, halbieren, weiße Trennwände und Kerne entfernen und die Hälften fein hacken. Fenchelsamen, Chili, Zitronensaft, Olivenöl, Honig und je 1 Prise Salz und Pfeffer verquirlen. Das Dressing über den Salat träufeln. Die Pinienkerne darüberstreuen und die Basilikumblätter darüber klein zupfen.

GEMISCHTE ANTIPASTI ◖

ITALIENISCHER KLASSIKER

FÜR DAS GEMÜSE

4 Paprika (rot und gelb)
1 EL Rosmarinnadeln
2 Knoblauchzehen
1 mittelgroßer Zucchino (200 g)
1 Aubergine (250 g)
100 ml Olivenöl
Salz, Pfeffer
60 g Spinatsalat
50 g Parmesan am Stück

FÜR DAS DRESSING

3 EL Aceto balsamico
3 EL Olivenöl
Salz, Pfeffer
1 Prise Zucker

DAZU PASST

Für einen mediterranen Brunch reichen Sie dazu noch grüne und schwarze Oliven, eingelegte Artischockenherzen oder luftgetrockneten Schinken. Noch etwas knuspriges Weißbrot – und Ihre Gäste werden begeistert sein.

GEMÜSE: Den Backofen auf 220° (Umluft) vorheizen, ein Backblech mit Backpapier belegen. Paprika waschen, vierteln, weiße Trennwände und Kerne entfernen. Die Viertel mit der Schnittseite auf das Backblech legen und im Ofen (Mitte) 15–20 Min. rösten, bis die Haut schwarze Blasen wirft. Die gerösteten Paprika in einen Gefrierbeutel füllen und ca. 10 Min. abkühlen lassen, dann häuten. Das Backpapier entfernen und die Paprika direkt auf das Blech legen.

Rosmarin waschen, trocken tupfen und die Nadeln fein hacken. Knoblauch schälen und fein hacken. Zucchino und Aubergine waschen, putzen und schräg in dünne Scheiben schneiden. In einer großen Pfanne 2 EL Öl erhitzen und die Zucchinischeiben darin von beiden Seiten kräftig anbraten. Mit Salz, Pfeffer, etwas Rosmarin und Knoblauch würzen und herausnehmen. Wieder 3 EL Öl in der Pfanne erhitzen und die Auberginenscheiben portionsweise darin von beiden Seiten kräftig anbraten. Jede Portion mit Salz, Pfeffer, etwas Rosmarin und Knoblauch würzen, dann herausnehmen. Zucchini und Aubergine zu den Paprika geben.

DRESSING: Essig, Olivenöl, Salz, Pfeffer und Zucker verquirlen. Das Dressing über das Gemüse träufeln und mindestens 30 Min. durchziehen lassen.

FERTIGSTELLEN: Spinatsalat waschen und trocken schleudern. Spinat und Gemüse samt Dressing auf einer Servierplatte anrichten und den Parmesan darüberhobeln.

Für 8 Personen • 40 Min. Zubereitung • Pro Portion ca. 255 kcal, 8 g EW, 8 g F, 38 g KH

COUSCOUS-SALAT IM GLAS 🌿

GUT VORZUBEREITEN

FÜR DEN SALAT

300 g Couscous
4 EL Olivenöl
Salz
2 TL Ras el Hanout
200 ml Orangensaft
2 EL Zitronensaft
400 g Kirschtomaten
½ Salatgurke
4 fleischige Datteln (Medjoul-
*   Datteln)*
Pfeffer

FÜR DEN MINZJOGHURT

½ Bund Minze
50 ml Orangensaft
2 EL Zitronensaft
500 g Joghurt (3,5 % Fett)
Salz, Pfeffer

AUSSERDEM

8 weite Trink- oder Einmachgläser
*   (à 300 ml Inhalt)*

SALAT: Couscous, Olivenöl, 1 TL Salz, Ras el Hanout, 100 ml kaltes Wasser, Orangen- und Zitronensaft in einer Schüssel verrühren und ca. 10 Min. quellen lassen.

Inzwischen Tomaten und Gurke waschen. Die Tomaten vierteln, die Gurke in kleine Würfel schneiden. Die Datteln entsteinen und in dünne Scheiben schneiden.

MINZJOGHURT: Minze waschen, trocken schütteln und die Blätter von den Stängeln zupfen. Einige schöne Blätter für die Deko beiseitelegen, die restlichen Blätter fein hacken. Gehackte Minze, Orangensaft, Zitronensaft und Joghurt verrühren und kräftig mit Salz und Pfeffer würzen.

FERTIGSTELLEN: Den Couscous mit einer Gabel auflockern. Die Datteln untermischen und den Couscous mit Salz und Pfeffer abschmecken. Dann abwechselnd Couscous, Tomaten, Gurkenwürfel und Minzjoghurt in die Gläser schichten. Mit den übrigen Minzeblättern dekorieren und den Salat bis zum Servieren abgedeckt kühlen.

Für 4 Personen • 30 Min. Zubereitung • Pro Portion ca. 225 kcal, 5 g EW, 15 g F, 16 g KH

MÖHREN-INGWER-SUPPE 🍃

VEGAN

1 Zwiebel
25 g Ingwer
700 g Möhren
1 EL Rapsöl
2 TL Currypulver
700 ml Gemüsebrühe
2 EL Cashewkerne
200 ml Orangensaft
200 g Kokosmilch
Salz
½ Bund Koriandergrün

1 Zwiebel und Ingwer schälen und fein hacken. Möhren putzen, schälen und klein schneiden. Das Öl in einem Topf erhitzen und Zwiebel und Ingwer darin kurz andünsten. Currypulver einrühren, Möhren und Gemüsebrühe zugeben und aufkochen. Die Suppe dann zugedeckt bei mittlerer Hitze ca. 15 Min. kochen lassen.

2 Inzwischen die Cashewkerne grob hacken und in einer beschichteten Pfanne ohne Fett bei schwacher Hitze hellbraun rösten. Vom Herd nehmen und abkühlen lassen.

3 Orangensaft und Kokosmilch zur Suppe gießen und einmal aufkochen lassen. Die Suppe dann fein pürieren, mit Salz abschmecken und abgedeckt warm halten. Koriandergrün waschen und trocken schütteln. Die Blätter abzupfen und etwas kleiner zupfen. Die Suppe in vier Schalen anrichten, mit den gerösteten Cashewkernen und Koriandergrün bestreuen und servieren.

Für 4 Personen • 30 Min. Zubereitung • Pro Portion ca. 340 kcal, 10 g EW, 20 g F, 23 g KH

ERBSEN-MINZE-SUPPE 🌿

FRÜHLINGSGRÜN

1 kleine Zwiebel
200 g Kartoffeln
1 EL Butter
100 ml trockener Weißwein
(ersatzweise Gemüsebrühe
und 1 EL Zitronensaft)
750 ml Gemüsebrühe
450 g TK-Erbsen
4 Stängel Minze
200 g Sahne
Salz, Pfeffer
frisch gemahlene Muskatnuss

1 Zwiebel schälen und fein würfeln. Kartoffeln schälen und in kleine Würfel schneiden. Butter in einem Topf erhitzen und die Zwiebel darin glasig dünsten. Die Kartoffeln einrühren, mit Weißwein ablöschen und diesen kurz einkochen lassen. Die Gemüsebrühe dazugießen. Die Suppe aufkochen und zugedeckt bei schwacher Hitze ca. 10 Min. köcheln lassen, bis die Kartoffeln weich sind.

2 Erbsen zugeben und einmal aufkochen lassen. Dann 2 EL Erbsen für die Deko abnehmen. Minze waschen, trocken schütteln und die Blätter abzupfen. Einige schöne Blätter für die Deko beiseitelegen, die restlichen grob hacken und in die Suppe geben.

3 Die Sahne zur Suppe gießen. Die Suppe fein pürieren, wieder erhitzen und mit Salz, Pfeffer und Muskatnuss abschmecken. Die Suppe in vier Schalen anrichten, mit den übrigen Erbsen und Minzeblättern bestreuen und servieren.

REGISTER

Vegetarische Rezepte, die im Buch mit einem 🌢 gekennzeichnet sind, sind hier grün abgesetzt.

Abkürzungsverzeichnis:
E = Eiweiß
EL = Esslöffel
(gestrichen)
F = Fett
kcal = Kilokalorien
KH = Kohlenhydrate
Msp. = Messerspitze
Pck. = Päckchen
TK = Tiefkühl
TL = Teelöffel
(gestrichen)
Ø = Durchmesser

Projektleitung: Sabine Sälzer
Lektorat: Petra Teetz
Korrektorat: Ulrike Wagner
Gesamtgestaltung: independent
MedienDesign, München: Horst Moser
(Artdirection), Lucie Heselich,
Svenja Wamser
Herstellung: Anna Bäumner
Satz: Kösel, Krugzell
Reproduktion: Medienprinzen,
München
Druck und Bindung:
Firmengruppe APPL, aprinta druck,
Wemding
Syndication:
www.seasons.agency
Printed in Germany

1. Auflage 2019
ISBN 978-3-8338-6875-7

www.facebook.com/gu.verlag

GRÄFE
UND
UNZER

Ein Unternehmen der
GANSKE VERLAGSGRUPPE

DIE AUTORIN

Anne-Katrin Weber studierte nach ihrer Ausbildung zur Köchin Ernährungs-
wissenschaften und ist seit vielen Jah-
ren Autorin zahlreicher Koch- und
Backbücher. Auch als Foodstylistin ist
sie für namhafte Redaktionen im In-
und Ausland tätig.
www.annekatrinweber.de

DER FOTOGRAF

Wolfgang Schardt kann seine Liebe für
Essen und Trinken beruflich ausleben:
In seinem Studio in Hamburg fotogra-
fiert er vor allem Food, Stills und Interi-
eur für Magazine, Verlage und Wer-
bung. Sein Team bei diesem Buch:
Anne-Katrin Weber (Foodstyling) und
Janet Hesse (Assistenz).
www.wolfgangschardt.com.

BILDNACHWEIS

Wolfgang Schardt: S. 06–59
AUEN60 Photography (Julia Schärdel &
Ines Häberlein): S. 01, 05 und Still-
leben auf den Klappen
Autorenfoto: Wolfgang Schardt
Coverfoto: photisserie,
Kathrin Koschitzki

Umwelthinweis:

Dieses Buch ist auf PEFC-zertifiziertem
Papier aus nachhaltiger Waldwirtschaft
gedruckt.

LIEBE LESERINNEN UND LESER,

wir wollen Ihnen mit diesem Buch Informationen und
Anregungen geben, um Ihnen das Leben zu erleichtern
oder Sie zu inspirieren, Neues auszuprobieren. Wir achten bei der Erstellung unserer Bücher auf Aktualität und
stellen höchste Ansprüche an Inhalt und Gestaltung.
Alle Anleitungen und Rezepte werden von unseren
Autoren, jeweils Experten auf ihrem Gebiet, gewissen-
haft erstellt und von unseren Redakteuren/innen mit
größter Sorgfalt ausgewählt und geprüft.

Haben wir Ihre Erwartungen erfüllt? Sind Sie mit
diesem Buch und seinen Inhalten zufrieden? Haben
Sie weitere Fragen zu diesem Thema? Wir freuen uns
auf Ihre Rückmeldung, auf Lob, Kritik und Anregungen,
damit wir für Sie immer besser werden können. Und wir
freuen uns, wenn Sie diesen Titel weiterempfehlen, in
Ihrem Freundeskreis oder online.

Sollten wir Ihre Erwartungen so gar nicht erfüllt haben,
tauschen wir Ihnen Ihr Buch jederzeit gegen ein gleich-
wertiges zum gleichen oder ähnlichen Thema um.

KONTAKT

GRÄFE UND UNZER VERLAG
Leserservice
Postfach 86 03 13
81630 München
E-Mail: leserservice@graefe-und-unzer.de

Telefon: 0 08 00 / 72 37 33 33*
Telefax: 0 08 00 / 50 12 05 44*
Mo–Do: 9.00–17.00 Uhr
Fr: 9.00–16.00 Uhr (*gebührenfrei in D,A,CH)

APPETIT AUF MEHR?

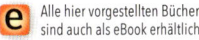

DIE »GU KOCHEN PLUS«-APP

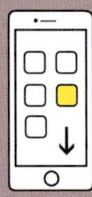

1 APP HERUNTERLADEN

Laden Sie die kostenlose »GU Kochen Plus«-App im Apple App Store oder im Google Play Store auf Ihr Smartphone. Starten Sie die App und wählen Sie Ihren Küchenratgeber aus.

2 REZEPTBILD SCANNEN

Scannen Sie das gewünschte Rezeptbild mit der Kamera Ihres Smartphones. Klicken Sie im Display die Funktion Ihrer Wahl.

3 FUNKTIONEN NUTZEN

Sammeln Sie Ihre Lieblingsrezepte. Speichern und verschicken Sie Ihre Einkaufslisten. Oder nutzen Sie den praktischen Supermarkt-Finder und den Rezept-Planer.